M. FIOT

ET

LA MISSION DU LAOS

AU TONG-KING OCCIDENTAL (Annam)

LYON

IMPRIMERIE MOUGIN-RUSAND

3, rue Stella, 3

1880

M. FIOT

ET LA MISSION DU LAOS

AU TONG-KING OCCIDENTAL (Annam)

M. Nicolas-Abel Fiot, des Missions Étrangères de Paris,
fondateur de la mission du Laos (Tong-King occidental), mort à Hảo-Nho,
le 13 septembre 1880.

M. FIOT

ET

LA MISSION DU LAOS

AU TONG-KING OCCIDENTAL (Annam)

LYON

IMPRIMERIE MOUGIN-RUSAND

3, rue Stella, 3

1880

A MM. LES DIRECTEURS

DU SÉMINAIRE DES MISSIONS ÉTRANGÈRES

DE PARIS

———

Ké-So, le 24 septembre 1880.

Messieurs et vénérés Directeurs,

La mission nouvellement établie au Laos est en deuil par la mort de son premier apôtre, M. Fiot, décédé le 13 septembre courant, à six heures du soir. C'est un saint ouvrier de moins dans la vigne du Seigneur. La perte sera vivement sentie par les peuplades sauvages et laociennes, auprès desquelles le Père avait su acqué-rir une grande influence.

M. Fiot était en route pour venir m'entretenir du Laos, me communiquer le dictionnaire, le catéchisme et le livre de prières nouvellement traduits, me faire connaître la situation de sa chrétienté, le bien déjà réalisé et les espérances à peu près certaines de nombreuses conversions. Il voulait me demander un renfort considérable de missionnaires et de catéchistes, et s'entendre avec moi sur plusieurs questions d'un intérêt majeur pour cette station naissante. Lui seul connaissait à fond l'état des choses, lui seul pouvait me donner les renseignements utiles qui doivent me guider dans les mesures à prendre pour le développement de la mission du Laos.

M. Fiot, né à Saint-Broing-le-Bois, diocèse de Langres, en novembre 1846, avait une âme fortement trempée, ardente et généreuse. Après avoir fait ses études, jusqu'en philosophie inclusivement, d'abord au petit, puis au grand séminaire de Langres, il se sentit appelé à la vie apostolique dans les missions lointaines. Il entra tonsuré, en 1867, au séminaire des Missions-Etrangères, où il suivit les cours de théologie. Après s'être exercé pendant trois ans à la vie sacerdotale et apostolique, il fut ordonné prêtre et reçut pour destination la mission du Tong-King occidental, où il arriva au mois d'avril 1870, en compagnie de M. Bareille et de M. Thoral. Quelques mois d'étude de la langue annamite le préparèrent à l'apostolat ; je l'envoyai comme auxiliaire de M. Perreaux dans le district de Thanh-Hoa.

L'année suivante, je le chargeai de la direction d'un district composé de cinq paroisses dans lesquelles il allait successivement donner les exercices de la mission. Il se livrait avec ardeur au travail du saint ministère, au point que sa santé en ressentit une forte secousse. Je crus alors prudent de le placer dans une position plus tranquille, et je le nommai professeur dans un de nos collèges. Là, tout en s'occupant de ses élèves, il consacrait ce qui lui restait de temps à la direction spirituelle et temporelle de la chrétienté dite Hoang-Nguyên. Il employait aussi ses loisirs à composer une série de lectures pour le mois de saint Joseph, auquel il avait une grande dévotion.

Au mois d'octobre 1878, à la suite de sa retraite annuelle, M. Fiot, sachant que j'avais l'intention de faire prêcher la religion au Laos, me demanda à se consacrer à cette mission de dévouement. Son zèle pour le salut des âmes, son courage à affronter les dangers, et la force d'âme dont il était doué, joints à une fidélité exemplaire à suivre le règlement qu'il s'était tracé, me le firent juger apte à cette entreprise difficile. Après quelques jours de préparatifs, le Père, accompagné de nos vœux et de nos prières, partait de notre communauté de So-Kien, chef-lieu de la mission, le 3 novembre 1878, avec un prêtre indigène et une douzaine de catéchistes ou servants.

Arrivé à la dernière paroisse que l'on rencontre avant de s'enfoncer dans les montagnes, à l'ouest de la mission, il s'y arrêta quelques jours pour compléter les préparatifs du voyage qui, à partir de là, devait s'effectuer en petites barques. Il se mit de nouveau en route le 21 novembre, jour de la fête de la Présentation de Marie, et, après une navigation de dix-huit jours à travers les rapides, il parvint sans accident à Luc-Canh, endroit désigné d'avance pour l'établissement du premier poste de la mission du Laos.

C'est le jour de la fête de l'Immaculée-Conception, que ce pays, resté jusque-là fermé à la lumière, a vu

arriver ces premiers apôtres ; par la célébration du
saint sacrifice de la messe, les ministres du Seigneur
prirent spirituellement possession de ce nouveau royau-
me au nom de leur Maître céleste : première offrande de
l'holocauste divin sur une terre infidèle qui dut grande-
ment réjouir le Ciel !

Mais le Seigneur se plait souvent à faire porter sa
croix à ses apôtres; aussi voulut-il éprouver par les souffrances les premiers missionnaires du Laos, avant de
leur accorder les consolations de leur ministère. M. Fiot
et toute sa suite furent reçus comme des ennemis dangereux par les notables du village de Luc-Canh.
Adonnés à toutes sortes de vices, habitués à vivre d'exac-
tions et à opprimer le peuple, voyant dans les prédi-
cateurs de l'Evangile des hommes justes et amis des
pauvres, dont les vertus et le désintéressement ne man-
queraient pas de gagner l'affection de tous, ils se con-
certèrent pour mettre des entraves à l'établissement
des nouveaux arrivés, et, tout en conservant certaines
apparences d'humanité, ils défendirent secrètement aux
habitants de leur fournir un logement, des vivres, du
bois et des ouvriers.

M. Fiot, se trouvant sans asile, dut s'imposer à
un des chefs du village qui n'osa pas le chasser de
sa maison. Pendant plus de six mois il lui fallut se tenir
en garde et lutter contre les agissements continuels de
personnages influents.

Plus d'une fois le Père et ses hommes manquèrent du
nécessaire; mais le Seigneur qui n'abandonne jamais les
siens, leur fit enfin connaître un mandarin laocien, éloi-
gné de deux journées de marche. Celui-ci s'offrit à leur

procurer du riz et à le leur faire transporter gratuite-
ment à domicile.

Pendant ce temps d'épreuves, M. Fiot visita plusieurs
villages qui avaient demandé à recevoir le missionnaire;
mais partout il trouvait les cœurs fermés, toujours à
cause d'une influence secrète venant de haut.

La maladie ne tarda pas à éprouver le personnel de
cette mission apostolique : le Père et tous ses hommes
furent pris de la fièvre presque en même temps.
Comme ils n'avaient personne pour les soigner, ils
devaient se remplacer mutuellement les uns auprès
des autres, dans les rares intervalles de tranquillité que
les accès leur laissaient. M. Fiot surtout fut éprouvé
d'une manière particulière : tantôt son corps enflait dans
des proportions considérables; tantôt il souffrait d'une
espèce de dyssenterie, tantôt d'un rhume terrible avec des
crachements de sang. Depuis son entrée au Laos, à part
les deux premieres semaines, je doute que le Père
ait passé un seul jour sans être malade. Mais, grâce à sa
force de caractère, il savait triompher de ses souffrances
continuelles, il ne cessait de travailler à l'étude de la
langue, à la composition d'un dictionnaire et à la tra-
duction du catéchisme et des prières les plus usuelles.
Même au milieu des accès de fièvre, il s'enveloppait
d'une couverture et continuait son travail.

Dans les jours où il était moins souffrant, M. Fiot visi-
tait les villages sauvages des environs et diverses tribus
laociennes; car il faut remarquer que dans ce pays, fron-
tière d'Annam et du Laos, il y a deux populations par-
faitement distinctes, ayant leurs coutumes particulières
bien qu'elles habitent le même territoire.

Les villages sauvages appelés Châu, appartiennent à l'Annam, tandis que les Laociens, qui les avoisinent, n'en sont que tributaires.

Le missionnaire, s'il avait pour ennemis les chefs des villages sauvages Châu, était au contraire en grande estime auprès du peuple, et surtout des tribus laociennes dont il avait su gagner l'affection et la confiance.

Après six mois d'épreuves de toutes sortes, le Seigneur eut pour agréables la patience et le zèle de ses serviteurs, et ménagea à leurs cœurs d'apôtres les premières consolations. De retour d'un voyage qui avait failli lui coûter la vie, M. Fiot trouva chez lui un Laocien de la petite tribu de Na-Hàm ; il venait lui demander à embrasser la religion chrétienne. Cet homme lui raconta que trois ans auparavant un inconnu lui avait dit : « Dans quelque temps viendra un « prédicateur de la religion, il sera d'une taille élevée, « sa figure sera blanche et légèrement rose ; ses doigts « seront longs : il faudra le suivre, parce qu'il ensei- « gnera de bonnes choses. »

C'était là le portrait assez ressemblant de M. Fiot; aussi, en voyant le Père, le Laocien crut reconnaître le personnage dont l'arrivée lui avait été annoncée par le devin. Je dis que cet inconnu était un devin, car il n'est pas rare de rencontrer au Laos des individus extraordinaires qui prennent le titre pompeux de fils du ciel : ils exhortent les hommes à observer la loi naturelle, à s'abstenir de la fornication, du vol, et à ne pas fumer l'opium. Ces devins, qui affectent de mener une vie étrange, sont entourés d'un certain prestige, et ils opèrent, dit-on, des choses surprenantes, sans doute par le secours d'une puissance mystérieuse.

M. Fiot, à la prière du Laocien, envoya un catéchiste visiter la tribu de Na-Hàm, distante d'une journée et demie de marche à travers les montagnes, et celui-ci la trouva bien disposée en faveur des apôtres de la religion. Au bout de quelques jours, le chef fit inviter le Père à aller s'établir dans sa tribu, lui offrant des cases convenables.

Au mois de juillet suivant, en 1879, M. Fiot quitta donc le village de Luc-Canh, qui s'était montré infidèle à la grâce, et alla se fixer à Na-Hàm. Il m'écrivait deux mois plus tard qu'il espérait que toute cette tribu, composée de sept à huit cents âmes, se convertirait à notre sainte religion. En effet, ces gens, de mœurs simples, convaincus par les exhortations que le Père sut leur faire à propos sans les choquer, demandèrent à embrasser le christianisme et détruisirent eux-mêmes tous les objets superstitieux du paganisme.

M. Fiot s'empressa d'ouvrir autant de catéchuménats que le nombre des catéchistes à son service lui permettait d'en avoir ; mais son personnel devenant insuffisant, et la moisson étant abondante et déjà mûre, il s'empressa de m'écrire pour me demander des auxiliaires.

Au mois de février dernier, je lui adjoignis M. Thoral et M. Pinabel qui parvinrent le 18 mars au Laos avec quinze catéchistes ou servants. Au bout de quelques jours, le nombre des catéchumènes atteignit le chiffre de huit cents, tant à Na-Hàm que dans d'autres villages sauvages des environs. Les demandes d'instruction religieuse se multiplièrent de plus en plus à mesure que

la bonne nouvelle et la réputation des apôtres du Seigneur s'étendaient dans le pays.

Ce mouvement se manifesta surtout à l'occasion d'un
voyage que M. Fiot effectua au mois de mai dans trois
vastes cantons. Le Père était à peine arrivé dans un
village que les habitants des localités voisines battaient
le tambour pour se réunir et aller l'inviter à se rendre
chez eux, demandant à se faire chrétiens. Les missionnaires et les catéchistes devinrent de nouveau in-
suffisants pour faire face au travail, et on dut ajourner
l'instruction d'un grand nombre de villages, entre autres
de celui où résidait un petit mandarin laocien qui a solli-
cité, à différentes reprises, la faveur de se convertir avec
toute sa famille et la plupart de ses administrés.

C'est alors que M. Fiot se décida à profiter de la fin de
la saison des grandes eaux pour venir m'exposer l'état de
la chrétienté du Laos et ses espérances pour l'avenir.

Le Père se mit en route le 28 août, encore affaibli par
une maladie que lui avaient occasionnée les chaleurs de
l'été et les fatigues d'une course récente au milieu des
tribus laociennes. Le changement d'air ne pouvait que
contribuer à rétablir sa santé, et la descente par le fleuve
ne devait pas être longue. Le voyage se faisait en radeau
de bambous, comme cela se pratique ordinairement dans
ces montagnes au moment des grandes eaux.

Malheureusement, au passage d'un rapide dangereux,
le radeau fut jeté sur un écueil et se disloqua. M. Fiot et
ceux qui l'accompagnaient purent se cramponner au
rocher et le gravir ; mais ils avaient perdu toutes les
provisions et les remèdes emportés pour la route. Ils
furent, dans cet état, surpris par une pluie torrentielle

qu'ils durent essuyer sans avoir rien pour se protéger. Les eaux du fleuve, grossies par de nombreux affluents, montaient rapidement, et nos malheureux naufragés étaient menacés de se voir engloutis. Heureusement, une barque vint à passer et leur sauva la vie.

Toutes ces fatigues et ces souffrances occasionnèrent une rechute ; bientôt la maladie de M. Fiot alla s'aggravant de plus en plus. Après quelques jours d'une navigation rapide, il arriva le 7 septembre à une paroisse nommée Hào-Nho, située dans la province de Ninh-Binh. Il était tellement exténué qu'il dut s'arrêter dans ce village, malgré son vif désir d'atteindre le collège latin de Phùc-Nhac, distant seulement de trois lieues. Deux missionnaires du collège, MM. Dumoulin et Ravier, ainsi que M. Mignal, chargé du district voisin, prévenus de l'arrivée de M. Fiot, s'empressèrent de se rendre auprès de lui pour lui donner leurs soins. Les médecins du pays parvinrent à procurer au Père un soulagement sensible et la maladie semblait changer de phase, ce qui nous donna quelque espoir ; mais le 13 au soir, l'état du malade empira subitement et l'agonie commença. A six heures, M. Fiot rendait paisiblement son âme à Dieu, muni des sacrements de la sainte Eglise. Le Seigneur a voulu récompenser de bonne heure son zèle et les nombreux mérites de son apostolat ; mais avant de mourir, le Père a eu la consolation de voir la mission du Laos fondée, je l'espère, d'une manière solide.

Plus de cinq cents personnes baptisées, au moins trois cents catéchumènes déjà instruits, de huit à dix mille Laociens ou sauvages qui ont demandé à embrasser notre sainte religion et dont la conversion paraît sincère,

trois églises élevées, plusieurs chrétientés établies, des
travaux précieux sur la langue du pays, un abrégé des
principales vérités de la doctrine chrétienne, les prières
les plus usuelles traduites, des renseignements utiles
à ses successeurs, une influence considérable acquise
aux missionnaires du Laos : voilà le résumé des travaux
et des conquêtes de ce regretté confrère.

Je vais prendre des dispositions pour assurer le bien
qui a été réalisé dans cette nouvelle chrétienté et favoriser
l'élan de conversions que la grâce de Dieu opère parmi
ces peuplades sauvages, prêtes, semble-t-il, à entrer en
masse dans le bercail de notre sainte Mère l'Église.

J'ai l'honneur d'être, avec respect et en union de
prières, votre très humble et dévoué serviteur,

† Paul PUGINIER, *évêque de Mauricastre,*

vicaire apostolique du Tong-King occidental.

Lyon. — Impr. P. Mougin-Rusand, rue Stella, 3.